DISPARITIONS MYSTÉRIEUSES

BIOGRAPHIE

Petite fille, Lucy Daniels aimait beaucoup lire, et rêvait d'être écrivain. Aujourd'hui, elle vit à Londres avec sa famille et ses deux chats, Peter et Benjamin. Originaire de la région du Yorkshire, elle a toujours aimé la nature et les animaux, et s'échappe à la campagne dès qu'elle le peut.

ILLUSTRATIONS INTÉRIEURES : DAPHNÉ COLLIGNON

L'auteur remercie Lucy Courtenay.
Titre original :
Beyond the Sunrise
Dolphin Diaries est une marque de Working Partners
Limited, utilisée sous licence

Publié pour la première fois par Hodder Children's Books, Londres

Loi n°49-956 du 16 juillet 1949 sur les publications destinées à la jeunesse
Imprimé en Allemagne par Clausen & Bosse
Dépôt légal : juin 2004
ISBN : 2 747 008 79 7

SPÉCIAL DAUPHINS
S.O.S. ANIMAUX

DISPARITIONS MYSTÉRIEUSES

LUCY DANIELS

TRADUIT DE L'ANGLAIS
PAR VÉRONIQUE FLEURQUIN

BAYARD JEUNESSE

L'ÉQUIPAGE DE l'*ÉTOILE BLEUE*

Jessica McGrath a douze ans, et une grande passion : les dauphins. Elle tient un journal de bord, auquel elle confie ses pensées les plus secrètes.

Gina et **Craig McGrath**, les parents de Jessica, sont océanographes. Ils ont décidé de partir avec leurs enfants pour une expédition scientifique d'un an à bord de l'*Étoile bleue*.

Sean et **Jimmy McGrath** sont les frères de Jessica, des jumeaux rouquins. Ils font toujours des bêtises.

Harry Pierce est le capitaine du bateau. Il est divorcé et doit s'occuper de sa fille, Brittany, qui a embarqué, sans que ce soit prévu, à bord de l'*Étoile bleue*.

Brittany Pierce est la fille du capitaine. Elle a treize ans, et un très mauvais caractère. Elle râle tout le temps.

Sam Tucker est le second du capitaine. Il a un petit faible pour Maddie.

Maddie est une jeune étudiante. Elle est l'assistante des McGrath, et également la préceptrice des enfants.

Docteur Jefferson Taylor est un chercheur un peu bizarre. Il a été imposé par la compagnie pétrolière qui a apporté des fonds pour l'expédition.

Mein Lin Zhong est une Chinoise, gracieuse et menue. Elle assure les fonctions de chef cuistot et de mécanicien.

Harry Pierce
Craig McGrath
Gina McGrath
Mein Lin Zhong
Docteur Jefferson Taylor
Jimmy McGrath
Sean McGrath
Sam Tucker
Brittany Pierce
Maddie
Jessica McGrath

1

26, mai, à l'aube,
quelque part dans le golfe du Bengale.

On est arrivés hier au Bangladesh, un pays d'Asie proche de l'Inde et de la Birmanie, limité au sud par le golfe du Bengale. À l'intérieur du pays, les deux fleuves, le Gange et le Brahmapoutre, et des centaines de rivières, se croisent et se mélangent pour se jeter dans l'océan Indien. On va y rester dix jours. C'est un vrai paradis pour les dauphins, selon maman. J'ai hâte d'en voir. Il paraît qu'il y a des espèces rares et différentes, notamment des irrawaddy. Malheureusement, ils sont timides et ne se laissent pas approcher. Jusque-là, on a toujours eu de la chance! Je crois à ma bonne étoile. On loge tous dans une auberge, au bord d'une rivière, à une centaine de mètres du fleuve où est amarré l'Étoile bleue. Seul Harry, notre capitaine, préfère rester à bord. Il dit que le roulis le berce et qu'il a du mal à dormir sur la terre ferme.

Cette auberge est une chaumière adorable, avec une grande véranda en bois. Elle est entourée d'eau et d'une forêt. Nos hôtes, Ravi et Sunnu Kaushik, sont si accueillants qu'on se sent comme chez nous.

Ils ont trois enfants. Shivam, 11 ans, que j'appelle Shiv, est tout de suite devenu mon ami. Son jeune frère,

Ajay, se révèle aussi espiègle que les jumeaux : ça promet ! Ambika, qui a trois ans, est, elle, sage comme une image. Ils ont tous les trois la peau très sombre, un sourire éclatant et des yeux magnifiques. Et on sent qu'ils aiment leur pays. D'ailleurs, Shiv tient à me faire découvrir le maximum de choses en dix jours. Hier soir, il a proposé qu'on aille admirer le lever de soleil depuis le bord de l'Étoile bleue.

Voilà pourquoi on se trouve en ce moment seuls sur le pont. Et, croyez-moi, le spectacle en valait la peine ! Il y a un quart d'heure, le fleuve était d'un gris uniforme. Sous nos yeux, il a viré à l'orange, au rouge, au rose, reflétant les couleurs du ciel. J'ai eu l'impression d'assister à la création du monde...

– Hé, Jessica, viens vite voir ! cria Shiv.

La jeune fille posa le journal et rejoignit son ami. Accoudé au bastingage, il lui désignait les barques des pêcheurs : leurs coques multicolores étincelaient sous les premiers rayons du soleil. Les hommes étaient silencieux, et pourtant cette flottille bariolée avait des airs de fête foraine aquatique.

– C'est magnifique ! s'exclama Jessica. Il n'y a pas deux bateaux pareils…

– Tu n'as pas tout vu ! Regarde bien…

– C'est quoi, ces formes qui glissent le long des bateaux ? Des filets ?

À cet instant, une des ombres plongea dans l'eau douce avec un bruit à peine perceptible.

– Mais non, fit Shiv en souriant, ce sont des loutres ! D'habitude, elles se nourrissent de poissons. Celles-ci sont dressées : elles encerclent le banc de poissons et le poussent vers les filets…

– Sans en manger ?

– Oui, les pêcheurs leur ont mis une sorte de muselière pour les en empêcher.

– Quelle horreur ! Ça doit être dur pour elles ! s'apitoya Jessica.

– Elles ne sont pas perdantes, tu sais. Les pêcheurs n'oublient jamais de les récompenser ! Ils leur jettent tous les poissons qu'ils ne pourront pas vendre.

– Quand même… Imagine qu'on te mette un énorme gâteau sous le nez, et que tu n'aies droit qu'à des miettes.

Soudain, près d'une barque à la coque rouge, une loutre, qui ramenait un banc de poissons, fonça dans le tas et avala le plus gros poisson. Elle avait réussi à se débarrasser de sa muselière !

– Quelle maligne, celle-là ! C'est celle de Jafar, précisa Shiv.

– Bravo ! applaudit Jessica.

– Tu sais, la vie n'est pas toujours facile pour les hommes de la mer…

– Tout est si différent de chez moi, ici, dit la jeune fille, songeuse.

Ils se turent et observèrent les pêcheurs qui remontaient leurs filets, hissaient la corde en criant et déversaient sur le pont une masse argentée, frétillante et scintillante.

– Et ça leur arrive d'utiliser des dauphins pour appâter les poissons ? demanda Jessica, brusquement inquiète.

– Ça ne va pas, non ? Les dauphins sont sacrés dans le pays, on les considère comme les dieux des fleuves. De nombreuses légendes circulent de village en village. Il paraîtrait qu'autrefois les dauphins étaient des humains. Les Bengalis[1] racontent qu'une jeune fille, voulant faire une surprise à son fiancé, un pêcheur, serait partie seule en barque le rejoindre, vêtue de sa plus belle robe blanche. Hélas, elle ne s'était pas rendu compte que le fond de la barque était percé ! Et, au beau milieu du fleuve, la barque a commencé à couler. La jeune fille a tant pleuré que le fleuve a eu pitié d'elle. Lorsqu'elle s'est noyée, il a bercé son corps, et elle s'est transformée en dauphin blanc.

– Et tu as déjà vu des dauphins blancs ?

– Non, jamais. Ceux du Gange sont gris.

1. Les habitants du Bangladesh.

On a aussi des irrawaddy, gris également, mais ils sont plus rares. Ils ont une tête toute ronde et un museau très court.

– Oh, maman m'en a parlé, et elle m'a montré des photos ! s'écria Jessica. Mes parents veulent les étudier, car ils savent très peu de chose sur eux.

– Malheureusement, on n'en rencontre pas souvent. Ils se cachent..., soupira Shiv.

– J'essaierai de siffler pour les attirer. Quelquefois, ça marche ! Je serais trop triste de repartir sans les avoir vus ! D'ailleurs, ils doivent bien remonter à la surface pour respirer.

– Bien sûr, mais ils ne restent pas longtemps. Ils sont curieux, comme les autres dauphins. Ils ne sourient pas, ils font une sorte de petit salut rigolo. Tiens, je te montre...

Shiv étira le cou et, les lèvres pincées, il agita la tête à droite et à gauche. Jessica éclata de rire :

– On dirait un phoque !

Un bruit de pas les fit se retourner. C'était

le capitaine Harry qui sortait de sa cabine :

– Hé, vous êtes tombés du lit, tous les deux ?

– Bonjour, capitaine ! On voulait assister au lever de soleil…, commença Jessica.

À cet instant, une grosse vague heurta la coque du bateau, suivie par d'autres. Des oiseaux de toutes les couleurs de l'arc-en-ciel s'envolèrent des palétuviers[1] en piaillant.

– Que se passe-t-il ? s'inquiéta Jessica.

Le remous des vagues cessa. Il reprit plus loin, bouillonnant autour des barques. Tous les pêcheurs coururent vers leurs cabines.

– Regarde ! hurla Shiv en désignant une silhouette sombre qui émergeait du fleuve.

Les yeux ronds d'épouvante, Jessica vit un long reptile aux énormes mâchoires grandes ouvertes. Un crocodile !

---

1. Arbres qui abondent dans les régions côtières intertropicales. De haute taille, avec un feuillage touffu, ils se caractérisent par leurs grosses racines aériennes aussi emmêlées que des broussailles. Ces racines solides sont idéales pour y amarrer les embarcations au bord d'une rivière.

2

Le 26 mai, midi, à l'auberge.

Brrrr... j'en tremble encore ! Je n'avais jamais vu de crocodile aussi gigantesque. À côté de lui, nos alligators de Floride ont des airs de jouets en plastique ! Selon Harry, il a dû rester caché à l'abri de l'Étoile bleue pour guetter les pêcheurs. Dès que les barques ont regagné la rive du fleuve, il a foncé vers elles. Ça m'a fait un choc. En l'espace d'un éclair, il a *attrapé un bout de filet qui pendait le long d'une coque rouge (celle de Jafar!) et il a tiré dessus, entraînant le filet tout entier avec sa charge de poissons. Jafar n'a rien pu faire: s'il avait essayé de retenir la corde, le crocodile l'aurait envoyé valser par-dessus bord. Pauvre vieux Jafar, ce n'est vraiment pas son jour de chance! D'abord la loutre, et puis ce monstre...*

Jessica bâilla. Levée aux aurores, elle avait failli s'endormir en écrivant ces quelques lignes. Au fil des mois, son journal s'était rempli, et il avait pris un sérieux coup de vieux. La couverture avait pâli au soleil, et, avec l'humidité, les pages s'étaient gondolées. Pourtant, elle y tenait comme à la prunelle de ses yeux. Il était son ami fidèle, son confident. À leur retour en Floride, il l'aiderait à se souvenir de chaque jour de ce voyage fantastique.

Elle le posa sur sa table de chevet et

s'étira. La chambre qu'elle partageait à l'auberge avec Brittany, la fille du capitaine, sentait bon le bois chauffé par le soleil. Une fine moustiquaire voilait la fenêtre, qui donnait sur la rivière et une forêt mystérieuse. Deux autres moustiquaires, suspendues au plafond, protégeaient les lits.

La jeune fille se leva, encore préoccupée par le sort du pêcheur malchanceux. En Floride, perdre un filet n'est pas un drame : il suffit d'en acheter un autre. Les Bengalis, eux, les tissent eux-mêmes. Jafar en aurait au moins pour une semaine, et pendant ce temps il ne pourrait pas pêcher. Pas de poissons, pas d'argent !

Dans ce pays pauvre, la plupart des familles vivent de la pêche aux poissons ou aux crustacés. Les autres sont bûcherons ou apiculteurs. Le tourisme y est rare, à cause du climat humide et chaud, et de la présence d'animaux sauvages, parfois dangereux. Malgré tout, la population reste joyeuse et amicale.

Une bonne odeur de riz épicé chatouilla

les narines de Jessica, excitant son appétit. Elle descendit à la cuisine, où Shiv l'accueillit avec une bonne nouvelle :

– Jafar a récupéré son filet ! Il s'est échoué sur la rive, à une centaine de mètres de sa barque. Il faut croire que Chalaka n'a pas trouvé les poissons à son goût ! conclut-il en riant.

– Chalaka ?

– C'est le surnom du crocodile qui joue des tours aux pêcheurs. En hindi[1], ça signifie « malin », expliqua le père de Shiv. N'est-ce pas, Ambika ?

Il rit en considérant sa petite fille endormie dans ses bras, qui souriait aux anges.

– Viens vite t'asseoir, Jessica, dit Sunnu, la mère de Shivam.

La maîtresse de maison était belle avec sa longue tresse dans le dos, et ses yeux en amande brillant de malice.

1. L'hindi est la langue parlée en Inde du Nord. Le Bangladesh étant proche, les indigènes utilisent aussi des mots hindis.

– Tu nous as fait attendre, râla Jimmy. Je meurs de faim, moi !

– Désolée ! J'ai failli m'endormir en écrivant mon journal. Je me suis levée très tôt : vous auriez dû nous accompagner, Shiv et moi. C'était magnifique ! À part le crocodile, bien sûr…

– Beurk, un crocodile ! s'écria Brittany. Je suis contente d'être restée dans mon lit. J'aurais hurlé de peur !

– Tu hurles pour un rien, ricana Jimmy, même devant un minuscule ver de terre !

– Ouh, la peureuse, ouh, la peureuse ! chantonna Sean avant de lui tirer la langue.

– Vous vous croyez drôles, hein ? siffla Brittany. Vers de terre vous-mêmes !

Sentant poindre une dispute, la mère des jumeaux, Gina McGrath, s'empressa de détourner la conversation :

– Ces galettes ont l'air succulentes…

Sunnu venait de poser sur la table un plat de riz fumant et une pile de *chapatis* – des galettes indiennes moelleuses qui remplacent le pain.

Jimmy se jeta dessus, mais son père le devança :

– Oh non, bonhomme, tu attends ton tour !

– Je vous en prie, pas de cérémonie ! s'exclama la jeune femme. On a l'habitude des garçons affamés, croyez-moi… N'est-ce pas, Ravi ?

Son mari sourit :

– Et comment ! Mais, dites-moi, Gina, où sont les autres membres de l'équipage ?

– Voyons, répondit la mère de Jessica en comptant sur ses doigts. Harry est sur le voilier, avec Sam, son inséparable second. Mein Lin, notre précieuse cuisinière, a été invitée à déjeuner par une famille de pêcheurs. Pour un échange de recettes, j'imagine ! Quant à Maddie, j'ignore où elle se trouve. Sans doute dans sa chambre, elle doit préparer son cours d'algèbre… Qu'en pensez-vous, les enfants ?

Jessica et les jumeaux firent la grimace. Ils adoraient Maddie, leur jeune enseignante pleine d'entrain. Mais les maths n'étaient pas leur matière favorite… Sans compter qu'il y avait plus excitant à faire dans cette région qu'étudier !

– Et…, commença Gina, le petit doigt en l'air.

– Le Dr Taylor ! s'écrièrent Jimmy et Sean en chœur.

– Comme si on pouvait l'oublier ! soupira Brittany.

– On m'a appelé ?

Une tête chauve au crâne rosi par le soleil apparut. Le Dr Taylor avait l'air un peu ahuri, comme d'habitude.

– Je crois avoir repéré un aigle à tête grise. Une chance que j'aie retrouvé mes jumelles à temps ! Figurez-vous qu'elles étaient dans la corbeille à linge sale… Allez savoir comment elles ont atterri là ! Très, très rare, cet aigle…, marmonna-t-il avant de rejoindre son poste d'observation.

– Très, très bizarre, ce Dr Taylor ! commenta Gina à mi-voix.

Jimmy et Sean éclatèrent de rire. Ajay, rouge pivoine, avoua avoir caché les jumelles du Dr Taylor avec la complicité des frères de Jessica. La corbeille à linge était une idée de ces trois monstres…

Toutefois, Ravi ne sembla pas apprécier la plaisanterie. Il envoya son fils dans sa chambre pour méditer sur le respect dû aux invités. Ajay s'éloignait en traînant les pieds quand un visiteur inattendu fit son entrée.

3

– Harry ! s'écria Gina avec chaleur. On n'espérait plus vous voir à terre. Voulez-vous manger un morceau ?

– Je n'ai pas faim, merci, fit le capitaine en frottant sa barbe, l'air soucieux.

– Un problème ? s'enquit Craig McGrath.

– Le moteur de l'*Étoile bleue* a perdu de l'huile toute la matinée. Je crains que nous n'ayons des ennuis avec le carburateur, répondit Harry.

– Oh, mon Dieu ! Est-ce réparable ? s'inquiéta la mère de Jessica.

Le capitaine secoua la tête.

– Pas cette fois-ci, j'en ai peur. Sam l'a vérifié, et il est de mon avis. Il va falloir changer cette pièce avant notre départ, sinon on pourrait tomber en panne au milieu de l'océan Indien. Il ne faudrait vraiment pas tarder, car si on ne prend pas la mer avant la mousson…

Il n'avait nul besoin de finir sa phrase. Chacun savait que la saison des moussons était redoutable dans cette partie du monde. Il était impossible de naviguer sous des pluies diluviennes, assorties de vents violents.

Si les McGrath ne partaient pas comme prévu, ils risquaient d'être coincés au Bangladesh pendant des mois.

Un silence s'installa dans la pièce.

– Ravi, y a-t-il un chantier naval à proximité ? finit par demander Craig.

– Oui, celui de Mongla. C'est à trois heures d'ici, au bord du fleuve Pusur. Harry, vous pensez que votre moteur tiendra jusque-là ?

– Sans problème, si on le ménage. J'irai demain matin.

– Je vais les appeler pour les prévenir, proposa Sunnu. Khaled, le propriétaire, est un ami. Je suis sûre qu'il sera heureux de vous dépanner.

– Merci infiniment, Sunnu ! soupira Gina, rassurée. On adorerait rester chez vous plus longtemps, mais…

Sunnu agita la main :

– Je sais. Nous aussi, on aimerait vous garder : les enfants s'entendent si bien, et votre compagnie est des plus agréables ! Mais la mousson est trop pénible, surtout quand on n'a pas l'habitude. Vous emporteriez un mauvais souvenir de notre région, et je n'y tiens pas !

– Moi non plus ! lança Jessica avec fougue. Tout est tellement beau ici !

– Justement, j'allais te proposer une balade, fit Shivam. Ça te dit de visiter la forêt de palétuviers ? Celle que tu vois depuis la fenêtre de ta chambre…

– Oh oui ! Je peux, maman ?

– Bien sûr, ma puce. Tu me raconteras !

Quelques instants plus tard, Shiv guidait son canot en bois sur la rivière.

– Tu verras peut-être ton irrawaddy demain, dit-il à Jessica. Le Pusur est un grand fleuve, où vivent de nombreux animaux. Pour aller à Mongla, il faut compter trois heures, pareil au retour ; ça te laissera le temps d'observer…

– Tu viens avec nous, j'espère ?

– Évidemment ! N'oublie pas que je suis ton guide…

– Dommage que Brittany ait refusé d'explorer la forêt avec nous ! dit la jeune fille. Je trouve génial de le faire en bateau !

– Elle a eu la trouille de poser le pied sur mon vieux rafiot ! D'accord, ce n'est pas un yacht, mais au moins il est étanche. On ne risque rien !

– Tu lui as donné un nom ? demanda Jessica.

– Big Ben[1], répondit son ami avec fierté.

1. Big Ben est le surnom d'une grande horloge, une des célèbres curiosités de Londres.

J'ai toujours rêvé de visiter Londres.

Jessica sourit :

– Pas mal !

– Oh ! Regarde ! s'exclama Shivam. Un chat pêcheur.

Un gros chat sauvage à la fourrure tachetée, vert olive, les observait depuis le rivage. Jessica le dévisagea, fascinée par ses yeux ambrés. Soudain, vif comme l'éclair, l'animal enfonça une patte dans l'eau. De ses griffes puissantes, il crocheta une anguille luisante qui se tortillait. Après un dernier regard de défi vers les jeunes gens, il se faufila dans la forêt pour déguster sa prise.

Comme Shiv l'avait prédit, l'après-midi fut riche en découvertes. Ils virent des singes se balancer au-dessus de leurs têtes, des échassiers juchés sur leurs longues pattes tracer un chemin sur les berges boueuses.

Jessica aperçut même un python endormi dans un arbre. Elle s'inquiétait de la présence possible de crocodiles quand une forme ronde et grise émergea soudain de l'eau, juste devant le canot. Puis elle s'évanouit tout aussi rapidement.

– Shiv ! C'était un dauphin ! cria Jessica. J'en suis certaine. Suivons-le, vite !

L'animal fit surface une seconde fois. La jeune fille écarquilla les yeux pour mieux distinguer la forme de sa tête. Son cœur se mit à battre plus vite : ça ressemblait bien à un irrawaddy !

Ils approchaient d'un îlot moussu, cerné par de nombreux chenaux étroits. Shiv dirigea avec dextérité son canot vers la petite île.

– On va perdre sa trace ! s'affola Jessica.

– Mais non ! On va le pister à pied : ce sera plus facile !

Ils longèrent un épais taillis de bambous vert sombre, hauts et élancés, et finirent par trouver un palétuvier, où Shiv arrima son canot. Puis, un doigt sur les lèvres, il invita Jessica à le suivre en direction des bambous.

– Hé, vous ! cria une voix furieuse. Qu'est-ce que vous fichez ? Vous n'avez pas le droit d'être ici ! Filez immédiatement !

Un homme de haute taille, à la peau très

sombre, les poings sur les hanches, les fixait d'un regard mauvais.

Jessica frissonna quand il avança d'un pas en agitant les mains de façon menaçante :

– Fichez le camp ! Vous êtes dans une propriété privée !

Shiv s'adressa alors à l'indigène en hindi. Celui-ci répondit par un flot de paroles haineuses en gesticulant.

– Shiv, on devrait partir, chuchota Jessica.

– Il n'y a aucune raison ! L'île n'appartient pas à ce type.

L'homme les avait rejoints sans cesser de hurler. Jessica se cramponna au bras de son compagnon.

– Allons-nous-en, supplia-t-elle. On reviendra…

– Je ne vous le conseille pas ! siffla l'individu. Pas question de remettre les pieds ici ! Compris ?

Toute résistance était inutile. Les enfants regagnèrent le canot en hâte. L'homme, planté devant la haie de bambous, les regarda partir. Au moment où ils embarquaient, ils l'entendirent crier :

– Je vais en parler à tes parents, Shivam Kaushik. Crois-moi, ton père a intérêt à te surveiller !

4

De retour à l'auberge, Jessica et Shiv retrouvèrent leurs parents sur la véranda. La petite Ambika, assise aux pieds de sa mère, berçait sa poupée en chantonnant doucement. Par la porte qui donnait sur le salon, Jessica aperçut Maddie et Brittany qui disputaient une partie de cartes ; les jumeaux et Ajay jouaient à la console. Le Dr Taylor prenait des notes, sans doute sur les oiseaux qu'il avait observés l'après-midi. Ce tableau familier réconforta Jessica. Pour un peu, elle aurait embrassé le savant chauve, tellement inoffensif à côté du sale bonhomme qu'ils avaient croisé.

– Alors, cette balade ? C'était bien, ma puce ? s'enquit son père.

– Heu... oui et non ! Figure-toi qu'on venait de repérer un irrawaddy quand un type horrible nous a chassés de son île. Il nous a traités comme des voleurs...

– Ah bon ? Qui c'était ? demanda Ravi.

– M. Vikram, répondit Shiv. Il nous a interdit de nous promener sur l'île, comme si c'était chez lui ! Tu aurais dû l'entendre... Il était fou furieux !

– Shiv, tu sais bien qu'il est un peu bizarre, intervint Sunnu sur un ton apaisant.

– Comment ça ? voulut savoir Jessica.

– M. Vikram est un de nos voisins, expliqua Ravi. C'est un homme étrange. Il vit seul depuis que sa femme est morte, l'an dernier. Son malheur l'a rendu sauvage. On a bien essayé de l'inviter, de l'entourer, mais il refuse. Ma foi, chacun sa façon de faire son deuil... Et, puisqu'il le désire, on le laisse tranquille sur cette île, même s'il n'en est pas propriétaire. Essayez de comprendre, les enfants !

– Il devait beaucoup aimer sa femme…, murmura Jessica.

Un drôle de bruit, venant de la forêt, l'interrompit. Tous levèrent la tête, intrigués, et vaguement inquiets. Ça ressemblait à une toux, rauque et profonde, qui s'éternisait.

– C'est le râle d'un tigre, leur apprit Ravi.

– Un tigre ? glapit Brittany, qui les avait rejoints sur la véranda.

– Pas de panique, la rassura Sunnu. Ils ne s'aventurent pas aux abords de l'auberge. Rentrons quand même, par précaution.

Une fois à l'intérieur, Brittany se laissa tomber sur un canapé en gémissant :

– C'est le pompon ! Après les crocodiles, les tigres…

– Des tigres ! s'écria Jimmy en levant les yeux de sa console de jeu. Génial !

Gina sourit :

– Sur un jeu vidéo, peut-être ! Mais que ferais-tu si tu te trouvais nez à nez avec un fauve affamé ?

– Ça m'est déjà arrivé, et je n'ai pas eu peur, moi ! se vanta Ajay.

– Tu oublies de préciser que la porte était verrouillée et les fenêtres fermées, bonhomme ! ironisa Sunnu.

– Vous risquez d'en croiser sur votre route, demain, ajouta Ravi. Ils sont environ trois cents dans cette partie du golfe. Mais, rassurez-vous, ils ont encore plus peur de nous... Alors, ils se cachent et nous surveillent de loin ! Il y a un proverbe qui dit : « Ici, le tigre t'observe en permanence. »

À cet instant, un jeune homme blond et élancé entra dans la pièce. Sa chemise en lin blanc était maculée de peinture bleue ; il en avait même sur la joue.

– De nouveaux visiteurs, je vois ! lança-t-il d'une voix cordiale.

– Phil, te voilà enfin ! s'exclama Sunnu. Je commençais à me demander si nos amis auraient la chance de te rencontrer. Craig et Gina, je vous présente Philippe Warner, un peintre animalier qui vit chez nous depuis six mois. Où étais-tu passé, Phil ?

– J'étudiais les tortues caouannes sur la côte. Elles m'ont donné du fil à retordre : j'ai dû patienter trois jours avant de les dénicher ! Elles se prélassaient tranquillement au soleil dans une crique bien abritée. C'est une espèce qui raffole des bains bien chauds. Je devrais en prendre un, moi aussi, conclut-il en se grattant la joue…

Jessica apprécia aussitôt son allure sympathique et décontractée. Brittany semblait être sous le charme : elle piqua un fard quand il lui serra la main.

Ravi le mit au courant de ce qui s'était passé pendant son absence.

– Ainsi, vous allez au chantier naval demain ? fit le peintre. C'est jour de marché à Mongla, vous pourrez vous distraire pendant qu'on répare votre moteur. Vous verrez, le spectacle vaut le détour. Je me serais bien invité, mais j'ai d'autres projets : après la chasse aux tortues, je m'en vais *trrraquer le tigrrre dans la forrrêt,* dit-il en roulant les « r ».

– On vient juste d'en entendre un pas loin ! s'écria Brittany.

En présence de Phil, elle semblait avoir repris du poil de la bête ! Imitant le jeune homme, elle ajouta :

– *Brrr ! J'admirrre votrrre courrrage !*

– *Parrrfait,* rit Phil en se frottant les mains, mon vieux *rrrêve* se *rrréalise* enfin !

Le téléphone sonna. Jessica suivit des yeux Sunnu, qui alla décrocher. Elle craignait que le chantier naval ne retarde le rendez-vous du lendemain. Elle était si impatiente de voir des dauphins ! Elle avait tort de s'inquiéter. Enfin, presque…

– C'était M. Vikram, annonça Sunnu. Il est très en colère contre toi, Shivam. Et contre toi aussi, Jessica, ce dont je suis désolée ! Je vous en prie, n'essayez pas de retourner là-bas. Il menace de vous donner une bonne correction s'il vous revoit ! Et il ne plaisantait pas !

– Hum, je vous crois ! grimaça Jessica. On sera plus tranquilles à bord de l'*Étoile bleue,* c'est sûr…

Shiv lui adressa un clin d'œil avant de lui glisser à l'oreille :

– À mon avis, ça cache quelque chose… J'aimerais bien savoir ce qu'il trafique sur l'île !

5

Le 26 mai, dans mon lit

Plus que quelques heures avant qu'on embarque pour Mongla. Je suis si excitée que je n'arrive pas à fermer l'œil. Brittany, elle, ronfle déjà. Il faut dire qu'elle a piqué une crise de nerfs au dîner quand Ajay lui a affirmé pour la taquiner que les tigres savaient nager et risquaient de l'attaquer à bord du voilier!

Il a fallu une heure pour la calmer. Elle doit être épuisée d'avoir tant crié!

La nuit, les bruits de la forêt sont encore plus magiques. Les singes s'appellent; les cochons sauvages grognent; le tigre a encore feulé. Il semble plus proche que cet après-midi... Mais, bon, il ne va quand même pas grimper jusqu'à une fenêtre située au premier étage, hein? Pour le coup, Brittany péterait carrément les plombs! Moi aussi, d'ailleurs, j'en ai peur...

Le lendemain, l'équipage de l'*Étoile bleue,* Shiv, Sunnu et Ravi quittèrent l'auberge dès sept heures du matin. Ils remontèrent le fleuve très lentement: Harry tenait à ménager au maximum le carburateur.

Accoudée au bastingage, Jessica ferma les yeux pour mieux apprécier la brise fraîche qui caressait ses cheveux. C'était bon de se retrouver à bord...

Elle sursauta quand Shiv lui tapa sur l'épaule:

– Tu m'as fait peur ! Je te croyais encore avec papa…

– Il m'a montré votre site Internet, s'écria Shiv, tout excité. C'est génial ! Dire que ces photos se baladent dans le monde entier ! Alors, tu as vu des dauphins pendant que j'étais en bas ?

– Tu penses bien que je t'aurais appelé tout de suite ! répondit Jessica en scrutant le fleuve.

Soudain, à une cinquantaine de mètres devant eux, l'eau bouillonna, et un dos gris émergea comme par magie.

– Ma parole, ils t'attendaient ! s'écria Jessica, ravie. Maman, papa, venez vite ! On a de la visite !

La jeune fille se pencha pour mieux observer la silhouette grise :

– Tu crois que c'est l'irrawaddy qu'on a vu hier ?

– Non, c'est un susu, répondit son père dans son dos.

– Un suzie ? reprit Jessica, étonnée. Tu ne m'as jamais parlé de cette espèce !

– Pas Suzie, susu ! répéta Gina. C'est le surnom que donnent les indigènes aux dauphins du Gange. Vu sa taille, il doit s'agir d'une femelle !

– En ce cas, on pourrait l'appeler Suzie ! suggéra Jessica. Suzie, ça te plaît, ma belle ?

La femelle refit surface. Elle agita son long bec de droite à gauche en émettant une série de clics et de sifflements, puis roula sur le flanc, agitant une nageoire comme pour saluer la jeune fille.

– Tu as vu ça, maman ? Elle me répond, elle aime ! gloussa Jessica, très excitée.

– Euh… Je crois qu'elle s'intéresse plutôt à son petit déjeuner. Tu vois, sa nageoire, là, lui sert de pelle pour creuser le limon et chercher de bonnes choses à manger…, expliqua Gina.

Après un dernier sifflement, Suzie plongea et disparut. Jessica fit la moue :

– Elle est partie si vite… Je me demande bien ce qu'elle a pu dénicher.

– Sans doute de délicieuses crevettes, dit

Craig en posant affectueusement le bras autour des épaules de sa fille.

Harry vint les rejoindre, accompagné de Sunnu et Ravi :

– Ne sois pas déçue, Jessica, tu en verras sûrement d'autres : il y a souvent des dauphins autour du voilier…

– Tu as aperçu d'autres animaux aquatiques ? le coupa Jessica, intéressée.

– Oui, des crocodiles… À propos, tu te souviens de la grosse femelle qui a fauché un filet ? Eh bien, elle a subitement disparu ! C'est tout juste si les pêcheurs ne la regrettent pas…

Shiv eut l'air surpris :

– Bizarre ! Chalaka ne rate jamais un jour de pêche…

Jessica nota que Ravi et Sunnu semblaient aussi étonnés que leur fils, voire inquiets.

– Quand les pêcheurs l'ont-ils vue pour la dernière fois ? demanda Ravi.

– Hier matin, quand elle a tiré le filet de Jafar, pour l'abandonner un peu plus loin.

À cet instant, un vol de martins-pêcheurs

détourna l'attention générale. On cessa de parler du crocodile. Quelque chose pourtant préoccupait Ravi et Sunnu ; mais quoi ? Jessica se promit d'interroger Shiv à la première occasion…

6

Le soleil était déjà haut dans le ciel quand l'*Étoile bleue* atteignit le port de Mongla. Il y régnait une joyeuse atmosphère de fête. Des centaines de personnes se promenaient sur la rive, s'arrêtant aux étals du marché, installé au bord du fleuve. De multiples embarcations colorées se balançaient le long de la jetée en bambou. Elles semblaient danser au rythme de la musique indienne, que déversaient des haut-parleurs fixés aux arbres.

– Ce marché est le plus célèbre de la région, expliqua Ravi tandis qu'ils débarquaient.

Harry consulta sa montre :

– Pour Sam et moi, hélas, pas d'autres emplettes en vue qu'un carburateur ! Ravi, vous voulez bien nous guider jusqu'au chantier naval ? Ensuite, je vous libère !

– Nous autres avons quartier libre, se réjouit Craig. Je suggère que chacun se balade à sa guise et qu'on se retrouve ici dans deux heures. Ça vous convient ?

Les yeux de Mein Lin brillèrent :

– Je sens que je vais dévaliser le marché ! Hier, on m'a donné une recette locale qui a l'air très bien. Je vous promets que, ce soir, vous allez tous vous régaler ! Brittany, ça te dit de m'accompagner ? Je vais t'apprendre à marchander, j'adore ça. Tu vas t'amuser comme une folle !

Gina éclata de rire :

– Ah, c'est sûr ! Notre douce cuisinière révèle un instinct féroce dès qu'il s'agit de faire baisser les prix.

– Je veux la voir à l'œuvre ! s'enthousiasma Brittany. Et puis, si je trouve des bijoux ou des tuniques indiennes, ça pourra toujours me servir…

Elles s'éloignèrent, bras dessus, bras dessous. Shiv prit la main de Jessica et l'entraîna dans une autre direction :

– Dépêchons-nous ! Deux heures, ça passe vite…

Le marché débordait de fruits, de couleurs et d'odeurs. Le spectacle était aussi dépaysant qu'insolite. Les produits les plus divers se mêlaient dans un joyeux désordre : à côté de piles de fruits exotiques s'étageaient d'énormes ballots de soie brillante et multicolore. Des poulets caquetaient, des moutons bêlaient, errant parmi la foule sous le regard de leurs propriétaires. Des effluves d'encens luttaient contre le relent boueux du fleuve.

Les deux amis dépassèrent une échoppe où des hommes se faisaient couper les cheveux en dégustant du poisson cuit à la vapeur. Plus loin, ils s'arrêtèrent pour admirer des cages où s'époumonaient des oiseaux chanteurs. Du coin de l'œil, Jessica entrevit un singe qui dérobait une banane. Elle le montra à Shiv en riant, alors que le voleur s'enfuyait.

– Allons voir si tout se passe bien pour Harry, proposa Shiv. Comme ça, tu visiteras aussi le chantier naval.

Ils descendirent une allée qui menait à un vaste bâtiment donnant sur le fleuve. De nombreux bateaux s'y balançaient, attendant leur tour. À l'intérieur du chantier régnait un fracas indescriptible. Jessica se faufila entre les machines, cherchant Harry. À travers les vitres d'un bureau à la porte ouverte, elle aperçut deux hommes lancés dans une discussion animée. L'un d'eux lui sembla familier…

– Oh, regarde, Shiv, c'est M. Vikram ! souffla-t-elle, surprise de le trouver là.

– Planquons-nous derrière la porte ! S'il nous repère, on va passer un sale quart d'heure… Il parle avec Khaled, le propriétaire du chantier. Je me demande bien ce qu'il lui veut !

Ils tendirent l'oreille, tentant de capter quelques mots. Jessica crut voir une liasse de billets passer de main en main.

– On dirait qu'il lui achète un bateau, chuchota-t-elle.

– Ça m'étonnerait ! Tout le monde sait qu'il n'a pas d'argent. Son commerce de crustacés marche très mal.

– J'ai dû me tromper, dit Jessica.

Bientôt, les deux hommes se serrèrent la main, et les enfants se sauvèrent avant que M. Vikram ne sorte du bureau.

– Harry n'est plus là. Je ne sais pas, toi, mais je meurs de faim ! Rentrons ! dit Shiv.

– D'accord ! Le premier arrivé a gagné le cocotier !

– La plus grosse noix de coco, oui !

Ils s'élancèrent à toute vitesse et arrivèrent pile en même temps sur le lieu de rendez-vous.

– Parfait, vous êtes à l'heure ! les félicita Gina. Comment s'est passée votre matinée ?

Jessica commença à raconter leur balade quand un fou rire l'interrompit.

– Qu'ai-je dit de si drôle, les jumeaux ?

– Ce n'est pas toi ! C'est le Dr Taylor, dit Jimmy. Vise un peu…

Il désigna la jetée, où le savant chauve trébuchait sous le poids de ses achats. Il portait sur l'épaule un régime de bananes et serrait contre lui une bonne vingtaine de mangues et de papayes !

– Maudits marchands…, haleta-t-il en s'approchant d'eux. Je… je n'avais pas l'intention d'en prendre autant… Mais… ils n'ont pas cessé de me baratiner. Où est Mein Lin ? J'espère qu'elle saura comment utiliser tout ça !

– Eh bien, dit Gina, on ne risque pas de manquer de vitamines !

– Dommage qu'il n'ait pas de noix de coco…, murmura Shiv à l'oreille de Jessica.

Le 27 mai, à l'heure du déjeuner,
sur le pont.

Cette matinée à Mongla a été une réussite pour presque tout le monde.

Maman s'est offert un sari en soie rouge et rose. Sunnu lui a expliqué comment le porter. Les jumeaux ont craqué pour un charmeur de serpents : une chance qu'ils ne nous aient pas rapporté une pleine corbeille de reptiles ! Harry était enchanté : Khaled a changé le carburateur lui-même en une demi-heure. Il ne cesse de répéter que son moteur ronronne comme un tigre.

À propos de tigres, Brittany boude dans sa cabine. Ajay et les jumeaux l'ont repérée dans le marché et ils l'ont suivie en feulant. Du coup, elle s'est mise à hurler et a lâché le paquet de farine que Mein Lin et elle venaient d'acheter. Le paquet a explosé, la recouvrant de poudre blanche des pieds à la tête. Elle n'a pas apprécié !

Shiv et moi n'avons pas soufflé mot de la présence de M. Vikram sur le chantier. Après tout, il s'agit sans doute d'une simple coïncidence... Et, comme on nous a recommandé de le laisser tranquille, on n'allait pas se vanter de l'avoir espionné!

Bon, je dois y aller. Je n'ai pas encore goûté aux fruits du Dr Taylor... Tel que je le connais, il pourrait se vexer!

Après le déjeuner, l'*Étoile bleue* prit le chemin du retour vers le delta. À sa grande joie, Jessica retrouva Suzie, qui, entourée d'autres dauphins du Gange, glissait autour du voilier, remuant son long bec comme pour dire à la jeune fille qu'elle était contente de la revoir. Avec cette escorte, le voyage parut très court. L'auberge était déjà en vue quand un cri retentit à la proue :

– Irrawaddy !

Jessica sentit son cœur bondir dans sa poitrine. Enfin ! Shiv agitait le bras avec un grand sourire :

– Viens vite par là ! Tu vois, je t'avais dit que tu avais une chance…

La jeune fille se précipita vers le bastingage opposé, suivie par les autres passagers. Tous se penchèrent par-dessus bord.

On ne distinguait de l'irrawaddy que sa tête ronde. Posé au fond de l'eau, peu profonde à cet endroit, comme un phoque, immobile, il dévisageait ses admirateurs. Jessica vit aussitôt combien il était différent de Suzie. Il balançait son cou épais et flexible. Sa bouche formait une ligne étroite qui lui donnait un air digne et comique.

Jessica félicita Shiv :

– Tu l'avais bien imité ! Il est trop craquant : on dirait un jeune chiot qui fait le clown. Maman, c'est un mâle ou une femelle ?

– Une femelle, à mon avis.

– Comment va-t-on l'appeler ?

– Sandhi ! proposa Shiv. En hindi, ça veut dire « paix ». Regarde comme elle se tient tranquille ! C'est la première fois que je vois un irrawaddy rester si longtemps la tête hors de l'eau.

En effet, Sandhi continuait à les fixer. Puis, avec lenteur, elle glissa sous la surface et s'éloigna.

– Elle doit vivre près d'ici, dit Jessica. On la reverra sûrement ! Je me demande si elle a une famille…

– Il y a des chances, fit Shiv. Tu te souviens du dauphin qu'on a aperçu près de l'île ?

– Si ça se trouve, c'était elle ! J'ai remarqué qu'elle avait une cicatrice au-dessus de l'œil droit, comme un grain de beauté. Si on la croise de nouveau, on la reconnaîtra…

Cette nuit-là, Jessica se réveilla vers deux heures du matin. Quelque chose la tracassait. Elle s'agita sous sa moustiquaire.

– Tu ne dors pas non plus ? dit Brittany d'une voix effrayée.

Jessica s'assit et alluma sa lampe de chevet : sa compagne la regardait avec des yeux remplis d'épouvante.

– J'ai si peur ! Tu entends le tigre ? J'ai

l'impression qu'il est tout près… Tu ne veux pas appeler tes parents ?

Jessica tendit l'oreille :

– Ne t'inquiète pas, Britt, je suis sûre qu'il est à des kilomètres. Sois tranquille, Sunnu a tout verrouillé avant de se coucher. Allez, rendors-toi !

Un peu rassurée, Brittany se blottit sous sa moustiquaire, et Jessica éteignit la lampe. Au bout d'un instant, le tigre finit par se taire. Elle n'entendit plus que la respiration de Brittany, qui s'était finalement assoupie. Jessica se leva et descendit sans bruit.

En passant devant la porte du salon, elle entendit des voix et s'arrêta. Sunnu et Ravi discutaient à voix basse. Le tigre les avait-il réveillés ? Parlaient-ils du crocodile ?

Elle gagna la cuisine, se servit à boire et remonta se coucher sans déranger ses hôtes.

7

Malgré sa nuit agitée, Jessica se réveilla tôt. Elle s'habilla et sortit se promener au bord de l'eau. Elle eut l'agréable surprise d'y trouver Phil : il s'était installé sur la jetée avec son chevalet et peignait. Il la salua d'un sourire et désigna son tableau. La jeune fille le contempla avec intérêt :

– Si je n'avais pas vu l'autre jour un lever du soleil avec Shiv, je jurerais que tu as inventé ces couleurs, dit-elle. Mais c'est exactement ça !

Elle s'assit à son côté, balançant ses pieds nus au-dessus de la rivière.

– Tu as dû entendre le tigre, cette nuit… J'imagine qu'il faisait encore noir quand tu es sorti… Il aurait pu te sauter dessus !

– Ma foi, le danger rend la vie d'un peintre animalier plus excitante. Je ne me vois pas me consacrer uniquement aux libellules… D'ailleurs, les tigres me fascinent. On raconte qu'ils auraient des pouvoirs magiques et guériraient certaines maladies. C'est pourquoi on ne cesse de les tuer, hélas ! De si beaux animaux…

– As-tu peint des dauphins depuis que tu es ici ?

– Ma foi…, répondit Phil, évasif.

Il redevint silencieux ; les questions de Jessica semblaient le gêner. D'un geste vif, il rangea son attirail. Et, avant que Jessica ne l'interroge davantage, il se leva et déclara :

– Je te laisse profiter du paysage. Je vais à la cuisine me faire du thé.

Jessica en resta bouche bée. Phil lui cachait quelque chose, elle en était certaine. Elle se dirigea à son tour vers l'auberge et entra dans la cuisine, bien résolue à élucider ce mystère. Elle y trouva sa mère en train de boire son café. Phil, lui, préparait tranquillement le thé devant l'évier.

Gina bâilla.

– Bonjour, ma puce ! Tu es bien matinale… Le tigre t'a empêchée de dormir ?

– On n'entendait que lui ! C'est aussi à cause de ça que tu es déjà debout, Maman ?

– Pas vraiment. En fait, j'ai décidé de mettre à jour notre site Internet. Tant que mes souvenirs sont encore frais, je veux parler de Sandhi. Malheureusement, je n'ai pas de photos d'irrawaddy à montrer. Comme une idiote, j'ai oublié mon appareil hier matin.

Phil, qui jusque-là était resté silencieux, se mêla à la conversation :

– J'ai peut-être une solution. Ce sera mieux que rien…

Il fouilla dans un grand carton à dessins et

en sortit une liasse de feuilles épaisses, qu'il étala sur la table :

– Ce sont des croquis que j'ai réalisés dernièrement. Tenez, regardez si ça vous convient…

Jessica en eut le souffle coupé. Les croquis étaient splendides, et si vivants ! En quelques traits de fusain, Phil avait rendu à la perfection l'expression si particulière de plusieurs irrawaddy. L'un d'entre eux portait une cicatrice au-dessus de l'œil.

– Oh, mais c'est Sandhi ! se réjouit Jessica. Pourquoi ne m'as-tu pas répondu tout à l'heure ? Pourtant, tu devrais être fier de toi !

– C'est vrai, Phil, vos dessins sont remarquables, et très réalistes. Puis-je vous en emprunter deux pour illustrer mon article ?

– Bien sûr ! J'espère seulement que vos internautes ne sont pas trop exigeants. Ce ne sont que des crayonnés…

– Vous êtes trop modeste, jeune homme, affirma Gina. Ils valent bien mieux que des photos. Signez-les vite avant que je les scanne. Avec ceci, votre célébrité est assurée !

– Phil, où as-tu fait ces croquis ? demanda Jessica, très excitée.

– Tu vois, c'est pour ça que je suis parti sans te répondre. Je ne voulais pas que ça se sache. Enfin… De toute façon, maintenant que vous avez vu les dessins…

Gina l'encouragea à poursuivre d'un mouvement de tête.

– J'ai découvert, il y a deux mois environ, une petite crique où vivent des irrawaddy. Au début, ils disparaissaient dès qu'ils me voyaient arriver. Puis ils se sont habitués à moi. C'est tout juste s'ils ne prennent pas la pose !

– Et où se trouve cette crique ? s'enquit Gina. Cette famille irrawaddy constituerait une base de recherches idéale pour Craig et moi.

– Je n'emmène jamais personne là-bas, murmura Phil.

– C'est une espèce rare, qui risque de

disparaître si on ne la protège pas..., insista Mme McGrath. Je vous en prie ! Leur habitat est menacé par la pollution.

Phil resta un instant silencieux ; puis il se décida :

– C'est d'accord. J'emprunterai à Ravi sa vedette et vous y conduirai tout à l'heure. À une condition : promettez-moi de garder le secret...

– Je saurai être discrète, promit Mme McGrath.

– Oh, Phil, je t'en supplie, emmène-moi aussi ! s'écria Jessica. J'ai tellement envie de revoir Sandhi !

– Désolé, Jessica, si on est trop nombreux, les irrawaddy pourraient déserter les lieux. Je ne me pardonnerais jamais de les avoir chassés ! Tu sais bien qu'ils aiment vivre en paix.

Devant la déception de sa fille, Gina intervint :

– Jessica adore observer les dauphins, c'est sa passion. Que diriez-vous si je lui cédais ma place ?

– Mais, maman, et tes recherches ?

– Je pense que Phil me laissera l'accompagner une autre fois, n'est-ce pas ?

Le peintre hocha la tête.

– Mon mari prendra des photos, poursuivit Mme McGrath, et toi, ma puce, tu observeras pour moi le comportement des irrawaddy. Alors, marché conclu ?

Pour toute réponse, Jessica sauta au cou de sa mère.

Le 28 mai, midi.

J'ai la mère la plus adorable du monde ! Je l'ai embrassée au moins dix fois pour la remercier ; j'en avais les larmes aux yeux ! Depuis, je flotte sur un petit nuage. On part aussitôt après le déjeuner. Je suis si impatiente que je ne pourrai rien avaler, c'est sûr. Je garde les yeux fixés sur ma montre. Ah, si je pouvais faire tourner les aiguilles plus vite ! J'ai hâte de revoir ma chère Sandhi...

Phil héla Jessica et son père depuis le pont de la vedette rouge des Kaushik :

– Prêts ?

– Fin prêts ! Caméra, appareil photo, carnets, stylos, et même des jumelles, au cas où..., énuméra Craig en sautant dans l'embarcation. À toi, Jessica !

La jeune fille bondit de la jetée avec une telle fougue que son sac à dos glissa de ses épaules. D'un geste vif, elle le rattrapa par une bretelle. Ouf ! Elle s'essuya le front, elle venait de se faire une belle frayeur. Si son sac à dos était tombé à l'eau, elle aurait pu dire adieu à son précieux journal !

Une fois ses passagers installés, le peintre lança le moteur et manœuvra le bateau avec aisance pour gagner le centre de la rivière. Ils filèrent à vive allure. Au bout d'un quart d'heure, ils quittèrent le cours principal pour s'engager dans un dédale de chenaux ombragés par des palétuviers. Phil semblait connaître le chemin par cœur.

Soudain, il vira à droite, et le paysage changea : le chenal s'élargissait et se terminait par une crique. L'eau clapotait doucement contre la rive d'une île paisible ; les feuillages tamisaient la lumière. Leur guide coupa le moteur. Sans bruit, la vedette alla s'échouer sur un épais tapis de mousse, où elle se nicha comme dans un lit douillet. Ils descendirent à terre.

– C'est ici que la famille a sa base, chuchota le peintre, en montrant les racines d'un arbre géant. Ils ne sont pas encore là, mais ils ne vont pas tarder, ils ne s'éloignent jamais longtemps de leur abri.

Tandis que le peintre installait son carnet de croquis sur son chevalet, Craig s'assit, posa la caméra à côté de lui et commença à prendre des notes. Jessica, elle, préféra dans un premier temps observer la crique dans ses moindres détails. Des lianes épaisses et lourdes se balançaient au-dessus de sa tête.

« Quand je pense que nous sommes les seuls à connaître ce paradis », se dit-elle. Elle vit des crabes microscopiques agiter leurs petites pinces dans le limon, un singe passer d'arbre en arbre en jacassant. Tout était si étonnant ! Elle retourna ensuite près de son père, nota ses impressions dans son journal et y ajouta quelques dessins.

Au bout d'un moment, leur patience fut enfin récompensée. Trois corps minces et souples contournèrent l'arbre et pénétrèrent lentement dans la crique. À la vue des visiteurs, l'un des irrawaddy plongea. Les autres ne bronchèrent pas.

Jessica reconnut aussitôt le plus petit des deux à sa cicatrice. Sandhi la dévisagea en remuant la tête, puis elle émit une série de clics, fléchit la queue et s'enfonça dans l'eau. Seule sa tête émergeait ; elle ne quittait pas la jeune fille des yeux. Le troisième dauphin, rassuré, réapparut à son tour. Sandhi et sa famille se mirent à manger paisiblement, se régalant de petits crabes. Le festin dura une bonne demi-heure.

Puis, brusquement, les irrawaddy quittèrent la crique pour regagner le chenal.

– Je crains que ce soit fini pour aujourd'hui, déclara Phil en refermant à regret son carnet de croquis.

Craig sourit :

– C'est un excellent début ! J'ai pris plein de photos de Sandhi et filmé le groupe en train de manger. Gina va être aux anges ! Merci à vous, Phil : vous avez donné un sacré coup de pouce à nos recherches !

Craig et Jessica remontèrent en silence à bord de la vedette. Ils étaient sous le charme. Tandis que Phil éloignait le bateau du rivage, Jessica contemplait l'îlot. Elle murmura :

– Cet endroit est merveilleux ! Je suis tellement contente de savoir que Sandhi vit ici en paix. Shiv a bien choisi son nom !

8

Le 29 mai après-midi, à l'auberge

Vous n'imaginez pas toute la pluie qui est tombée depuis vingt-quatre heures. Ce matin, en m'éveillant, j'ai eu l'impression que mon lit flottait au milieu de la rivière! Le ciel ressemble à une cascade en folie. L'eau du fleuve, couleur chocolat, écume et tourbillonne. Même Harry est venu dormir à l'auberge. C'est dire! Je me fais du souci pour Sandhi et sa *famille. Pourvu que cette violente averse ne les ait pas délogés ! Pourvu qu'ils ne soient pas bloqués par des racines !*

Tout le monde était rassemblé dans le salon de l'auberge.

– J'espère que ce n'est pas la mousson ! lâcha Ravi, préoccupé.

– Et moi donc ! reprit Harry. Maintenant qu'on a changé le carburateur, ce serait trop bête qu'elle nous prenne par surprise !

Sunnu chuchota quelques mots à l'oreille de son mari. Celui-ci fronça les sourcils.

– Un problème ? demanda Gina.

– Je me fais un peu de souci..., commença Sunnu.

– À quel propos ?

– Euh... À propos du toit. Il n'est pas tout neuf et, avec ce déluge, il pourrait y avoir des fuites.

– Je vais y jeter un coup d'œil, proposa Phil en se levant.

– Merci, dit Sunnu, Ravi va s'en

charger… Bon, excusez-moi, je dois préparer le dîner.

Et elle gagna rapidement la cuisine tandis que Ravi sortait réparer le toit.

« Et s'ils s'inquiétaient pour autre chose ? pensa Jessica. Et si la pluie n'y était pour rien ? » Décidément, leurs hôtes lui paraissaient bien étranges, ces derniers temps.

Le repas terminé, chacun alla se coucher, faute de mieux à faire. Une fois dans leur chambre, Brittany et Jessica bavardèrent quelques instants.

– Heureusement, il est encore sec ! fit Brittany en inspectant son lit avec méfiance.

– Britt, tu n'as pas l'impression que Ravi et Sunnu ont des soucis ? J'ai un pressentiment bizarre.

– Moi aussi, avoua Brittany. Si tu m'entends hurler cette nuit, ce sera soit à cause du toit, soit à cause du tigre… Hé, qui sait ? Peut-être que Phil volera à mon secours ? ajouta-t-elle en souriant. Tu ne le trouves pas craquant ? Allez, dors bien, Jess.

– Bonne nuit !

Jessica avait eu une journée mouvementée ; elle n'eut aucun mal à s'endormir.

Quand elle ouvrit les yeux le lendemain matin, le soleil inondait la pièce. Elle bondit de son lit et courut à la fenêtre. La forêt était somptueuse. Les feuilles des arbres, lessivées, étincelaient, pas un nuage ne ternissait le ciel bleu vif.

Elle s'habilla en hâte et descendit. Phil et ses parents prenaient déjà leur petit déjeuner. Gina l'accueillit avec un grand sourire :

– Bonjour, ma puce ! Quel temps ! Ton père et moi avons décidé d'aller observer les dauphins du Gange aujourd'hui. Tu nous accompagnes ? À moins que… Phil retourne à la crique réaliser d'autres croquis, et il propose de t'emmener. Alors ?

– J'adorerais revoir Suzie, maman, mais…, commença Jessica.

– Les irrawaddy ont gagné ton cœur, devina son père.

En effet, cette espèce fascinait la jeune fille. Sandhi, en particulier. Elle était impatiente de la revoir.

– Parfait, conclut Phil. Shiv vient aussi : après ce déluge, deux pilotes, ça ne sera pas du luxe !

Brittany entra à son tour dans la cuisine : elle s'était habillée avec soin et maquillée. Elle arborait un sourire éclatant.

– Bonjour ! lança-t-elle à la cantonade. Que faites-vous aujourd'hui, les uns et les autres ?

– Jessica, Shiv et moi allons observer les irrawaddy, répondit Phil, amusé.

– J'adooore ces dauphins ! déclara Brittany sur un ton qui sonnait un peu faux. Tu m'emmènes ?

« Décidément, Brittany n'en manque pas une, pensa Jessica. Si elle croit conquérir le cœur de Phil avec ses grands airs… »

– Pourquoi pas ? fit Phil en adressant un clin d'œil complice à Jessica, qui camoufla son rire sous une quinte de toux.

– Alors, tu veux bien ? Super !

– On part dans dix minutes. Il vaut mieux te changer si tu ne veux pas abîmer ta jolie robe !

Rouge de confusion, Brittany fila dans sa chambre.

Shiv défit la corde qui attachait la vedette à la jetée. Il eut du mal à gagner le milieu de la rivière, tant les flots étaient violents. Brittany criait et se cramponnait au bras de Phil, manquant à chaque fois de faire chavirer la barque. Jessica, elle, aidait Shiv à tenir la barre.

– Tu es certain que c'est le bon chemin ? demanda-t-elle. Je ne reconnais pas l'endroit.

– Oui, répondit Phil, fais-moi confiance, je contourne toujours cet arbre penché. Vire à gauche, Shiv.

Le bateau vacilla. La rivière bouillonnait, et d'énormes vagues heurtaient la coque. Jessica s'efforça de garder son sang-froid, essayant de ne pas songer aux crocodiles qui les croqueraient avec délice si l'embarcation se retournait.

La crique apparut enfin, et Shivam dirigea la barque vers la rive. Dès qu'ils eurent accosté, Brittany sauta en criant :

– Je préfère cent fois la terre ferme !

– Chut ! firent en chœur Phil, Shiv et Jessica.

– Oups ! Désolée !

Les irrawaddy étaient déjà là, et ils mangeaient tranquillement.

– À mon avis, ils sont restés ici pendant l'orage, murmura Shiv. Cet endroit est beaucoup plus protégé que les chenaux.

Au bout d'un moment, Sandhi aperçut les arrivants. La tête hors de l'eau, elle leur lança des clics de bienvenue. Les deux autres dauphins, eux, gardaient leurs distances, sans bouger.

– Ils sont trop mignons ! fit mine de s'extasier Brittany tout en consultant sa montre. On reste combien de temps ?

– Jusqu'à ce que j'aie fini de dessiner ce mâle à l'épine dorsale tailladée, répondit Phil, un peu agacé.

Brittany, vexée, avança près de l'eau. Le

gros mâle, curieux, finit par s'approcher du rivage.

– Hé, il n'a pas l'air d'avoir peur, celui-là ! Je parie que je lui plais, se vanta Brittany.

Pour toute réponse, l'irrawaddy détendit son dos flexible et l'aspergea abondamment. Jessica retint un éclat de rire : Brittany était trempée de la tête aux pieds.

– Tu as raison, il t'aime, mais pas de trop près, gloussa Shiv.

– Ce n'est pas drôle ! lança Brittany, furieuse.

– Encore une chance que tu te sois changée ! la taquina Phil.

Soudain, ils entendirent un galop dans les broussailles. Un gros animal se dirigeait droit sur eux à vive allure.

– Vite, tous au bateau ! ordonna Shiv.

Ils se précipitèrent vers l'embarcation. Le bruit s'amplifiait. Brittany tremblait de tous ses membres ; même Jessica sentit son estomac se nouer. « Et si c'était un tigre ? » pensa-t-elle.

Un horrible cochon sauvage émergea des fourrés en grognant avec fureur. Ses pattes labouraient le sol comme des pistons. Brittany hurla. Le sanglier fit volte-face.

– Eh bien, il était pressé ! commenta Shiv après un long silence.

– Je… je… ne veux pas… être dévorée… ! hoqueta Brittany, sous le choc.

Elle laissa échapper un sanglot et se blottit contre Phil. Jessica, les jambes flageolantes, jeta un coup d'œil vers la crique. Les irrawady avaient disparu.

– Je doute que les dauphins reviennent maintenant, soupira Phil.

Jessica observa le passage tracé par le sanglier. Elle avait bien envie de partir explorer la forêt. Shivam devina ses pensées :

– Attendons encore un peu, c'est plus prudent. Après, on ira voir, si tu veux…

– Pas question de remettre les pieds sur terre ! Moi, je reste sur le bateau, déclara Brittany.

Dix minutes plus tard, Jessica, Shiv et Phil débarquèrent, promettant à Brittany d'être de retour très vite.

Ils suivirent la piste du sanglier entre les arbres, qui était droite comme une flèche. La forêt était dense, ils marchaient prudemment, à la queue leu leu.

Des oiseaux piaillaient à leur passage, des singes se balançaient d'arbre en arbre. Au bout d'un moment, ils parvinrent au bord d'un chenal aux eaux profondes.

– Hé, regardez ! s'exclama Shiv.

Jessica n'en crut pas ses yeux : camouflé au milieu de cet espace sauvage, un hors-bord se balançait sur l'eau !

Une odeur de peinture fraîche émanait de la coque, qui ne portait pas de nom, juste un numéro. Jessica enleva la bâche qui recouvrait les sièges. Cela sentait un mélange d'huile propre et de cuir neuf.

– On dirait qu'il n'a jamais servi, constata-t-elle avec étonnement.

– Ça alors ! siffla Phil. Je me demande bien ce que ce petit bijou fiche ici !

– Oui, pourquoi diable est-il amarré là ? fit Shiv, songeur.

Quelque chose ne tournait pas rond. D'un commun accord, ils décidèrent de rentrer sur-le-champ.

9

Au retour, la vedette se faufila avec adresse au milieu des tourbillons, contournant les obstacles charriés par les eaux, et gagna rapidement l'auberge.

Harry les vit arriver depuis la véranda. Il alla à leur rencontre et tendit la main pour attraper le filin d'amarrage, que Shiv lui lança avec adresse.

– Tu es un bon marin, le félicita le capitaine. Ça n'a pas dû être une partie de plaisir !

– C'était plus impressionnant que les

montagnes russes ! confirma Brittany, blême.

– Je dois absolument parler à mes parents ! dit Shiv en se précipitant sur la jetée.

– Attention, ça glisse ! l'avertit Jessica.

Trop tard ! Shiv avait perdu l'équilibre. Il battit des bras, affolé, et tomba de tout son long.

– Phil, va vite prévenir Ravi et Sunnu ! ordonna Harry.

Tandis que Phil partait chercher du secours, Jessica s'approcha de son ami, le cœur battant. À son grand soulagement, Shiv émit un petit grognement et ouvrit les yeux.

– Ma cheville… Ça fait mal, grinça-t-il entre ses dents.

– Ne bouge surtout pas, lui conseilla-t-elle.

Deux minutes plus tard, les Kaushik accouraient, suivis par les McGrath et Phil. Sunnu se baissa, palpa la cheville de Shiv, qui gémit de douleur.

– Elle est déjà enflée, mais je ne pense

pas qu'elle soit cassée, diagnostiqua-t-elle. Ce n'est pas la peine d'appeler le médecin. Je vais préparer une mixture qui te soulagera, mon fils. En attendant, il faut que tu te reposes, ajouta-t-elle en caressant avec tendresse le front de Shiv.

Phil et Craig soulevèrent doucement le blessé et le transportèrent jusqu'à sa chambre.

– Viens à la cuisine avec moi, Jessica, proposa Sunnu. Je vais te montrer comment on fabrique nos propres remèdes.

La jeune fille suivit son hôtesse. Mme Kaushik versa des feuilles et des graines dans une jatte, les concassa avec une poignée de maïs et un peu d'eau. Elle obtint au bout d'un moment une pâte gluante à la forte odeur d'antiseptique. Jessica la regardait attentivement.

– Je vais enduire la cheville de Shiv avec ce cataplasme pour qu'elle désenfle plus vite. Tu sais, quand on connaît les vertus de chaque plante, la forêt est comme une pharmacie géante. On n'a qu'à se servir.

Elle alla appliquer le remède sur la

cheville de son fils. De retour à la cuisine, elle choisit d'autres feuilles, qu'elle broya et versa dans une tasse, ajoutant de l'eau bouillante et du sucre. Une agréable senteur citronnée se répandit dans la pièce.

– Voilà ! dit-elle. Tu veux bien porter cette infusion à Shiv ? Cela devrait le faire dormir comme un bébé.

Jessica espérait que le remède serait efficace... Elle se rendit au chevet de son ami, qui, après avoir bu trois gorgées, ferma les yeux. Alors qu'elle entrait de nouveau dans la cuisine, où tout le monde était réuni, elle ne put retenir un bâillement.

– Viens t'asseoir, tu sembles bien fatiguée, ma grande, constata sa mère. Alors, vous avez vu les dauphins ?

Jessica raconta leur matinée en détail, sans oublier de parler de la découverte du bateau flambant neuf au milieu de la forêt.

– Un hors-bord ? s'exclama Ravi. Tu en es certaine ?

– Quelqu'un le dissimule là volontairement, c'est sûr. Si le sanglier n'avait pas tracé cette piste, on ne l'aurait jamais découvert ! conclut Phil.

– Ça confirme nos soupçons, hein, Sunnu ? commenta Ravi avec gravité.

Sa femme opina d'un mouvement de tête.

– C'est sûrement le bateau d'un braconnier. Ravi et moi pensons qu'ils continuent à sévir dans la région, car de plus en plus d'animaux disparaissent…, expliqua-t-elle. On a été alertés par la station radio de l'UNESCO. La liste s'allonge : les tortues marines, une semaine avant votre arrivée, puis le vieux crocodile. Maintenant, nous craignons pour le tigre. On a cessé de l'entendre, d'un seul coup !

– Voilà pourquoi vous sembliez si inquiets, l'autre jour ! s'écria Jessica.

– Nous ne voulions pas vous effrayer, soupira Ravi. Ces hommes sont apparus il y a six mois environ. Ils s'intéressent également aux dauphins, j'en ai peur… Jessica, tu as bien vu trois irrawaddy, n'est-ce pas ? Eh bien, ils étaient cinq avant…

La jeune fille pâlit.

– Pourquoi s'en prennent-ils à eux ? s'exclama-t-elle. Les irrawaddy ne survivent pas en captivité, ils doivent bien le savoir ! Ce ne sont même pas des acrobates… Alors, quel est l'intérêt de les capturer ?

Gina prit la main de sa fille et la regarda avec tendresse :

– Ma chérie, ils ne les capturent pas pour les exhiber…

–… mais pour utiliser leur chair et leur huile, enchaîna directement Ravi. Ces bandits les vendent à prix d'or en Chine et au Japon.

Jessica se plaqua la main sur la bouche, horrifiée.

– Pareil avec les os de tigre, poursuivit leur hôte, les crocodiles, les tortues, qui sont réputés pour leurs vertus médicinales.

– Ce ne sont que des légendes. Phil me l'a expliqué ! s'écria la jeune fille, au bord des larmes.

– C'est vrai, mais les braconniers s'en moquent, du moment que ça leur rapporte de l'argent.

Jessica imagina le pire : elle vit Sandhi enlevée par ces hommes sans scrupules. Elle chassa avec épouvante cette vision et s'écria :

– Il faut les en empêcher ! Puisqu'on a découvert leur bateau, arrêtons-les !

– Rien ne prouve qu'il leur appartient, objecta Phil.

– On peut toujours enquêter, n'est-ce pas, Ravi ? demanda Craig.

– Certes ! On va alerter l'antenne locale de l'UNESCO. Ils disposent de moyens importants : des bateaux spéciaux, des hommes entraînés, et ils collaborent souvent avec la police. Si on a vu juste, on aura besoin de toute l'aide nécessaire.

– Écoutez, fit soudain Jessica, il faut absolument que je revoie Sandhi. Je me fais tellement de souci !

Son père consulta sa montre :

– On a le temps d'y retourner avant que la nuit tombe.

– Je vous accompagne. Je veux enfin découvrir ces fameux irrawaddy, intervint Gina.

– J'ai des coups de fil à passer. Je vais appeler l'UNESCO et me renseigner sur ce bateau, dit Ravi en fronçant les sourcils.

– Je crains que vous n'ayez des difficultés à naviguer ; le courant est encore fort, remarqua Sunnu.

– Je m'en charge, proposa Phil. J'ai bien observé Shiv ce matin ; je pense que j'arriverai à me débrouiller. Allez, ne perdons pas de temps !

– Moi, je reste. J'ai eu ma dose ce matin ! décréta Brittany. J'ai encore mal au cœur !

Sunnu sourit :

– Parfait ! Tu m'aideras à garder un œil sur les enfants.

10

Malgré les innombrables tourbillons et le courant impétueux, le trajet s'effectua sans incident. En moins d'une demi-heure, ils avaient gagné la crique, hélas vide et silencieuse.

– Ils ne sont pas là ! gémit Jessica. J'espère que…

Elle n'acheva pas sa phrase.

– Je suis persuadé qu'ils sont en sécurité, la rassura son père. Attendons un peu.

Ils scrutaient la crique sans rien dire. Au bout d'un moment, Phil les alerta :

– Les dauphins sont de retour !

– Deux mâles ! s'exclama Gina. Ils sont magnifiques !

– Deux ? Où est la femelle ? Où est Sandhi ? s'écria Jessica, paniquée. Ils sont toujours ensemble !

– Exact, confirma Phil. D'habitude, il y en a trois ou pas du tout.

Jessica était désespérée : les braconniers rôdaient dans les parages, et Sandhi avait disparu !

Le 31 mai, en fin d'après-midi,
au bord de la crique

Voici une heure que nous attendons, espérant que Sandhi réapparaîtra. Papa et maman sont aussi inquiets que moi. Les mâles sont paisibles. Pourtant, je ne peux m'empêcher de penser que Sandhi a été capturée et emmenée ailleurs.

Où es-tu, ma douce ? Tes sifflements me manquent !

La lumière baissait. Phil mit le moteur en marche : il fallait rentrer avant la nuit. Trente minutes plus tard, ils n'étaient toujours pas arrivés. Jessica observait la rive avec angoisse : elle ne reconnaissait pas le trajet.

– Phil, tu es sûr d'avoir pris la bonne direction ? demanda-t-elle.

– Oui, je pense, répondit le jeune homme, hésitant.

La jeune fille frissonna. Les arbres lui paraissaient soudain gigantesques, les racines d'un palétuvier qui se dressait sur la rive à leur gauche émergeaient de l'eau en une énorme boucle ; l'eau passait par-dessus, créant une sorte de fontaine bouillonnante.

Jessica aperçut enfin au loin un épais rideau de bambous.

– Par là ! dit-elle. C'est le bon chemin !

Phil dirigea la vedette vers les bambous. Soudain, une ombre glissa, au milieu, et un homme apparut. M. Vikram en personne !

– Encore toi ! cria-t-il en menaçant la

jeune fille du poing. Ne t'ai-je pas interdit de revenir ?

L'homme fit un pas vers la vedette. Paniquée, Jessica se recroquevilla sur son siège et se colla à son père.

– C'est une propriété privée ! Filez d'ici.

– Vous êtes sans doute M. Vikram, dit Gina, qui n'entendait pas se laisser impressionner. Nous sommes perdus et…

L'homme lui balança des insultes en hindi.

– Maman, partons ! supplia Jessica.

– Oui, allez-vous-en, gronda M. Vikram. Et que je ne vous revoie plus !

– Eh bien, commenta Craig, quel malotru !

Le soleil déclinait, teintant les flots de rouge orangé. Des branches arrachées aux arbres flottaient dans le courant ; elles ressemblaient étrangement à des crocodiles. Jessica essaya de ne pas songer à ce qui les attendait s'ils ne regagnaient pas l'auberge au plus tôt. La vedette filait à toute allure, quand soudain, à l'arrière, éclata un concert de clics et de sifflements. La jeune fille se pencha par-dessus bord :

– Suzie ! Nous sommes sauvés !

Le dauphin du Gange agita la queue. Il longea la coque, les devança, puis revint vers eux, exécutant cette manœuvre à plusieurs reprises, avec des cris de plus en plus stridents.

– On dirait qu'elle nous demande de la suivre, souffla Jessica. Vas-y, Phil !

Celui-ci barra vers la gauche. Petit à petit, le paysage devint plus familier.

– Regardez, l'*Étoile bleue* ! triompha Jessica. Oh, Suzie, merci !

Le 31 mai au soir, à l'auberge

Les derniers rayons du soleil se sont éteints au moment où on a abordé. Ravi et Sunnu étaient fous d'inquiétude. C'est un miracle d'avoir retrouvé l'auberge ! Et c'était génial de revoir Suzie. N'empêche... Maintenant qu'on est sains et saufs, je pense sans arrêt à la pauvre Sandhi. Où se trouve-t-elle ? Quelque part dans une cage ? Peut-être déjà...

Jessica referma violemment son journal. Pas question de perdre espoir, pas si vite !

Elle avait envie de parler, de se confier à un ami. Elle sortit et entra dans la chambre de Shiv. Un ventilateur ronronnait dans le noir.

– Jessica, c'est toi ?

– Oh, quelle chance ! Tu es réveillé ! Comment ça va ?

Shiv alluma sa lampe de chevet.

– Un peu mieux, murmura-t-il. Approche-toi.

Jessica s'assit à côté de son lit et le mit au courant des derniers événements. Shiv écoutait avec attention. Il tressaillit au nom de Vikram.

– Tu as dit qu'on l'avait vu à Mongla ?

Jessica se frappa le front :

– Que je suis bête ! Mais bien sûr ! Je n'ai pas fait le lien ! C'est le bateau que M. Vikram a acheté à Mongla...

– On doit en parler aux autres, et vite !

– Tu n'as pas le droit de te lever, Shiv !

Sans l'écouter, Shiv s'assit au bord du lit, et posa, très décidé, son pied bandé par terre. Il grimaça de douleur.

– Appuie-toi sur moi, proposa Jessica.

Ils descendirent lentement l'escalier et se dirigèrent vers la véranda, où tout le monde était réuni.

– Shiv, tu ne devrais pas être debout ! protesta Sunnu.

– Le bateau appartient à M. Vikram ! s'écria Jessica tout en aidant son ami à se caler dans un fauteuil.

Ils racontèrent ce qu'ils avaient vu à Mongla, essayant de se souvenir du plus petit détail. Shiv donna même le numéro d'immatriculation du bateau.

– C'est étrange, lâcha Craig. Ravi, qu'en pensez-vous ?

– Il faut tirer ça au clair. J'appelle tout de suite Khaled. Il est sûrement chez lui, à cette heure.

Ils attendirent son retour en silence.

– Khaled a bel et bien vendu un hors-bord à M. Vikram, confirma Ravi en revenant. Le numéro correspond ! Il a payé en liquide et l'a emporté le jour même.

– Je le savais ! s'exclama Jessica sur un ton triomphant.

– Ne tirons pas trop vite de conclusions ! C'est un début. Il nous faut parler à ce monsieur ! dit Gina.

– C'est plus facile à dire qu'à faire, murmura Ravi. Comme vous l'avez remarqué, il n'est pas très… sociable !

– J'ai une idée ! s'écria Shiv. Tu n'as qu'à lui proposer de passer. Tu lui dis que tu aimerais t'excuser pour notre conduite. Tu verras, il viendra…

11

– Notre visiteur arrive, annonça Jessica en se précipitant dans la cuisine.

Elle s'était installée dès l'aube sur la véranda pour guetter l'arrivée de M. Vikram.

– Parfait ! On l'attend de pied ferme ! se réjouit Craig.

M. Vikram accosta et se dirigea d'un pas déterminé vers la maison. Ravi l'accueillit avec un grand sourire :

– Bonjour, monsieur Vikram ! Entrez, je vous prie. Permettez-moi de vous présenter

M. et Mme McGrath. Ils séjournent ici pour étudier les dauphins.

– Je crois les avoir vus hier soir, près de chez moi, avec cette gamine… Ils prétendaient s'être perdus !

– Asseyez-vous, dit Sunnu sur un ton apaisant.

– Je préfère rester debout ; on n'en a pas pour longtemps. Alors, qu'avez-vous à me dire, monsieur Kaushik ?

– Il s'agit d'un malentendu, monsieur Vikram. Shivam n'a pas voulu pénétrer sur votre territoire. Il se promenait juste avec son amie, et s'y est trouvé par hasard.

Le visiteur se détendit un peu. Ravi s'éclaircit la gorge et reprit :

– Il y a un autre point dont je souhaitais parler avec vous. Il s'agit d'un hors-bord amarré dans un chenal, près de « votre » île. J'ai des raisons de penser qu'il vous appartient !

– Un hors-bord ? Vous plaisantez ? Le seul rafiot que je possède est là dehors !

– Je me suis renseigné auprès de Khaled,

continua calmement Ravi. Il m'a confirmé que vous lui avez acheté un bateau au prix coûtant. J'espère de tout cœur que vous n'êtes pas de mèche avec des braconniers…

M. Vikram trembla de colère.

– Je n'ai pas d'autre bateau, et j'ignore tout de ces braconniers, hurla-t-il. Vous vous trompez, monsieur Kaushik, et vous le regretterez.

Sur ces mots, il pivota sur ses talons et sortit de l'auberge.

– Oh, mon Dieu ! gémit Sunnu. On l'a vexé !

– À mon avis, on l'a plutôt effrayé, intervint Craig. Vous avez vu sa tête ? Vite, rattrapons-le, il sait sûrement des choses.

Ils n'eurent pas à aller loin. L'homme se tenait sur la jetée, les poings sur les hanches, fixant l'endroit où il avait laissé son embarcation. Cette dernière se trouvait au milieu de la rivière, avec, à bord, les garçons. Shiv le narguait en agitant les bras, hilare.

Craig rejoignit le visiteur et lui parla d'une voix ferme :

– Je vous en prie, monsieur, essayez de nous comprendre. Nous ne vous accusons de rien, mais la situation est grave. Des animaux disparaissent chaque jour. Peut-être avez-vous vous-même remarqué des faits étranges dans la région.

M. Vikram sembla soudain décontenancé. Après un long silence, il marmonna :

– D'accord, ce bateau est à moi.

– Alors, pourquoi avez-vous menti ? intervint Jessica.

– J'ignore tout au sujet de braconniers, je vous l'ai déjà dit ! s'entêta-t-il.

– Avez-vous une raison valable pour refuser toute présence étrangère près de votre île ? demanda Craig.

– Euh… non, aucune !

– Il faut nous dire la vérité, insista Ravi. On ne veut pas vous nuire, on veut savoir quel est votre rôle dans cette affaire. Autant que vous le sachiez : on a alerté l'UNESCO.

– Je ne veux pas qu'ils interviennent ! déclara-t-il avec fougue. Je ne veux pas… Personne… Ils *les* prendraient !

– Ils prendraient qui ? demanda Jessica, étonnée.

– Mes tigres ! Mes adorables tigres !

L'homme enfouit son visage dans ses mains, balançant la tête avec désespoir. Des larmes ruisselèrent entre ses doigts.

– Des tigres ? répéta Ravi, stupéfait.

– Asseyez-vous donc, monsieur Vikram, dit Sunnu en posant doucement la main sur son bras. On doit parler.

12

– Alors, commença Craig une fois qu'ils se furent installés autour d'une cafetière fumante, vous sentez-vous d'attaque pour tout nous dire ?

– Je suis désolé de m'être emporté. J'ai les nerfs à vif. Ma femme est morte l'an dernier, comme vous le savez. Je n'ai pas pu la sauver. Je me sens si coupable…

– Ce n'est pas votre faute, murmura Sunnu, les yeux humides.

– Mon affaire de crustacés ne marchait

pas bien, mais je me suis entêté. J'étais trop fier pour laisser tomber…

– La vie n'est pas facile en ce moment, c'est vrai, confirma Ravi. Entre la pollution et les travaux d'irrigation à l'embouchure du fleuve, la région a bien changé. Et tout le monde en subit les conséquences.

– Après sa mort, poursuivit M. Vikram, j'étais furieux contre moi et contre la Terre entière. Aussi, quand ces types sont venus et m'ont proposé de l'argent, j'ai accepté.

– Quels types ? demanda Jessica.

– Des braconniers, avoua-t-il avec tristesse. Maintenant, j'ai honte ; mais, à l'époque, je ne ressentais plus rien. Ils voulaient que je les aide à kidnapper des animaux. Puis ils sont partis. Deux semaines après, j'ai trouvé Aditi, une tigresse royale du Bengale. Elle n'avait plus que la peau sur les os, et elle attendait des petits. Elle était si faible qu'elle n'a même pas essayé de m'attaquer. Alors, j'ai pris soin d'elle. Ça m'a aidé à mieux supporter la mort de ma femme, c'était une présence réconfortante…

Elle a repris très vite des forces, et a mis bas deux petits.

– Alors c'est elle qu'on entendait ces jours derniers ? devina Ravi.

– Oui, sans doute. Et les braconniers l'ont sûrement entendue, eux aussi. Je ne veux surtout pas qu'ils découvrent où les tigres sont cachés. Je tiens tellement à eux !

– Ils sont donc de retour ! dit Gina. Et vous continuez à travailler pour eux ?

– Oui, malheureusement, car ils connaissent l'existence des tigres. Si je refuse, ils menacent de les enlever !

– C'est du chantage ! s'exclama Jessica, scandalisée.

– Ils savent que je suis prêt à tout pour protéger Aditi et ses bébés.

Jessica ressentit soudain de la compassion pour le pauvre homme. Elle se demanda comment elle aurait agi si, pour sauver un dauphin en danger, collaborer avec des braconniers avait été la seule solution.

– Écoutez, intervint Phil, qui jusque-là était resté silencieux, je suis sûr qu'à la première occasion ces braconniers n'hésiteront pas à kidnapper vos tigres. Ils n'ont pas de cœur ! Il faudrait être fou pour leur faire confiance !

M. Vikram ouvrit la bouche, mais aucun son n'en sortit.

– Phil a raison, confirma Gina. Ces hommes n'hésiteront pas à prendre Aditi et ses petits. Même si vos tigres sont cachés par la haie de bambous, les braconniers finiront par les découvrir.

– Mais que faire ? gémit M. Vikram, complètement abattu.

– Tout le monde commet des erreurs. On va vous aider, le réconforta Gina. On trouvera une solution.

– À condition, bien sûr, que vous nous révéliez tout ce que vous savez..., précisa Ravi.

– Je vous dirai tout, promit M. Vikram.

Il dévoila donc le fin mot de l'histoire. Les braconniers, au nombre de trois, étaient très organisés : ils changeaient souvent d'endroit pour ne pas se faire repérer. Ils volaient les crocodiles et les serpents pour vendre leur peau ; les singes, eux, étaient prisés pour leur fourrure ; les oiseaux pour leurs plumes ; les tortues et les dauphins pour la viande et l'huile.

Jessica écoutait, la gorge nouée, écœurée. Elle brûlait d'envie de demander à M. Vikram s'il savait quelque chose au sujet de Sandhi, mais elle avait trop peur que la réponse confirme ses craintes.

– Un rendez-vous est prévu ce soir. Au bateau. Ils m'avaient donné de l'argent pour acheter le hors-bord et le cacher afin que nos rencontres restent secrètes…

– Au bateau ? Parfait ! Cette fois, ils ne pourront pas nous échapper, lança Craig. Prévenons les agents de l'UNESCO et alertons les villageois.

– Tous vont se mobiliser, je vous le garantis ! s'écria Ravi.

13

Le 1er juin, après le déjeuner,
sur la véranda

Ce matin, j'ai regardé M. Vikram partir dans son canot. Il semblait soulagé. J'ai enfin compris sa réaction quand il nous a vus près de l'île. Je craignais cet homme, maintenant j'ai pitié de lui. J'ai presque eu envie de l'embrasser quand il parlait de ses tigres. Il y avait dans sa voix tant de tendresse *et d'émotion... Il ressent pour eux ce que j'éprouve pour les dauphins. Pauvre homme ! Pourvu qu'on réussisse à sauver la famille d'Aditi, et à retrouver Sandhi !*

Quand j'ai raconté à Brittany les événements de la matinée et l'expédition prévue pour le soir, elle a eu l'air horrifié. « Mais c'est terriblement dangereux ! » s'est-elle écriée. J'avoue que je suis aussi un peu nerveuse...

– Alors, tu notes les aveux de notre nouvel ami ?

La voix de son père fit sursauter Jessica. Fermant son journal, elle lança :

– On va les arrêter, hein, papa ? Je pourrais venir avec vous...

– Il n'en est pas question, répondit Craig d'une voix ferme.

– Ton père a raison, fit Gina. C'est beaucoup trop dangereux !

– Mais c'est injuste ! Shiv et moi avons

découvert le bateau. Sans nous, vous n'auriez peut-être rien appris sur les braconniers.

– Nous vous en sommes reconnaissants, dit Ravi. Toutefois, vous resterez sagement ici, ce soir. Compris ?

Le débat était clos. Les adultes rentrèrent dans la maison, laissant Shiv, Brittany et Jessica sur la véranda. La jeune fille était si triste qu'elle en aurait pleuré.

– Ne sois pas triste, tenta de la consoler Shiv. Il fallait s'y attendre : les grandes personnes sont comme ça !

– Je sais, soupira-t-elle.

– Je n'y crois pas ! s'exclama Brittany. Tu voulais y aller ! Tu es folle ! Ces hommes sont sûrement armés.

Phil vint les rejoindre.

– Je me doute que vous êtes déçus. J'ai à vous proposer quelque chose qui devrait vous plaire…

Le visage de Jessica s'éclaira, une lueur d'espoir brilla dans ses yeux.

– Est-ce que ça vous tente de venir nourrir les tigres de M. Vikram avec moi ?

C'est tout aussi excitant que d'aller au rendez-vous des braconniers, non ?

– Waouh ! Super ! crièrent en chœur Jessica et Shiv.

Le 1er juin, dans la soirée, sur le canot, en route pour l'île aux Bambous

On vient de baptiser l'île de M. Vikram : l'île aux Bambous. J'ai du mal à écrire, car les pages de mon journal sont humides. Par chance, la rivière s'est calmée.

On est passés chez M. Vikram chercher la viande, qu'on a chargée dans la vedette. Brittany, dégoûtée, se tient aussi loin que possible de cet amas rougeâtre. Phil est tout excité : il va enfin voir des tigres d'assez près pour les dessiner.

Je guette la moindre ombre grise qui pourrait émerger des flots. Que j'aimerais revoir Sandhi ! En même temps, je suis inquiète pour papa et maman. D'accord, *ils sont accompagnés par une patrouille de l'UNESCO et de nombreux amis de Ravi et Sunnu. Et les braconniers ne sont que trois... Mais s'ils ont des fusils, comme l'a supposé Brittany? Je suis partagée entre la peur, l'espoir et l'impatience...*

– On arrive, Jessica ! annonça Shiv.

La jeune fille rangea le journal dans son sac à dos. Shiv et Phil débarquèrent et allèrent disposer la viande à l'endroit indiqué par M. Vikram.

– Beurk, c'est dégoûtant ! se plaignit Brittany en se bouchant le nez.

– Mais, au moins, si on leur offre le dîner, les tigres n'auront pas envie de nous manger ! répliqua Jessica.

Les garçons revinrent ; leurs mains étaient maculées de sang.

– Et maintenant ? s'impatienta Jessica.

– On attend. J'espère qu'ils ne tarderont pas à se montrer car la lumière baisse. Ce serait bien ma veine d'être tout près d'un tigre sans y voir assez clair pour le dessiner correctement !

– Tu penses qu'ils vont rester longtemps ? souffla Brittany.

– J'ai également pris mon appareil photo s'ils sont trop pressés de repartir.

Jessica contempla le fleuve. Elle pensait à ses parents qui allaient se mettre en route pour le rendez-vous des braconniers. Ils longeraient l'île avant de gagner la crique, puis le chenal.

– Pssst ! murmura Shiv en la prenant par le coude.

Jessica tourna la tête et ouvrit des yeux ronds. À la lisière des bambous, elle aperçut une grosse tête orange et noir. C'était Aditi : elle fixait les visiteurs avec une expression hautaine, les défiant.

Comme personne ne bougeait, la tigresse avança. Elle émergea de la haie avec une grâce de danseuse. Deux petits suivaient : l'un agrippait la queue de sa mère en poussant un grognement aigu, l'autre frétillait, prêt à bondir sur son frère.

« On dirait deux gros chatons ! » s'émerveilla Jessica.

Aditi huma la viande. Les petits feulaient, affamés et impatients. Après un dernier regard aux visiteurs, la famille entama son repas.

Jessica jeta un coup d'œil du côté de Phil. Sans perdre de temps, le jeune homme avait pris quelques clichés et dessinait déjà à grands traits de fusain.

Soudain, un moteur ronronna. Jessica se leva lentement pour ne pas effrayer les tigres. Elle vit cinq bateaux. Dans l'un d'eux, elle reconnut son père, debout à la proue. Elle agita les bras. Le bateau changea de cap et se dirigea vers l'île. À bord se trouvaient, outre son père, sa mère, Ravi et deux mandataires de l'UNESCO.

– Je voulais juste m'assurer que tout allait bien..., dit Craig lorsqu'ils se furent approchés.

Jessica mit un doigt sur ses lèvres pour lui imposer le silence et elle désigna les tigres en train de manger.

– Ils sont magnifiques ! murmura Gina.

Aditi releva brusquement la tête et se tourna vers le fleuve. Elle poussa un feulement rauque.

Jessica en eut la chair de poule. La tigresse avait sûrement flairé quelque chose. Son corps se tendit, et d'un coup de patte elle ramena ses petits contre son flanc.

À cet instant, des voix s'exprimant en hindi se firent entendre. Aussi silencieux que des fantômes, Aditi et ses petits se glissèrent parmi les bambous. Le cœur battant, Jessica souffla à Shiv :

– Des hommes parlant hindi… Ce pourrait être…

–… les braconniers, termina Shiv.

14

Les occupants de la vedette sautèrent à terre.

– Restez où vous êtes, ordonna Ravi aux enfants. Et ne bougez pas, compris ? Laissez-nous faire, et ne vous manifestez pas !

Craig envoya des signaux lumineux aux quatre autres bateaux. Tous les moteurs furent coupés. Sans un bruit, à la rame, le reste de la flottille accosta.

Les trois inconnus progressaient rapidement dans les fourrés. Ils semblaient se disputer ; le ton des voix montait.

« C'est donc ça ! songea Jessica. Les contrebandiers ont prétexté un rendez-vous sur le hors-bord pour tenir M. Vikram à l'écart et kidnapper ses protégés. C'est une chance que mes parents soient d'abord passés près de l'île ! »

Depuis le bateau, Jessica vit trois hommes s'approcher des bambous. L'un d'eux portait un pistolet tranquillisant, un autre, un lasso.

– Les mains en l'air ! hurla tout à coup un des agents de l'UNESCO en brandissant une arme dans leur direction.

Les bandits se figèrent de surprise. En un rien de temps, ils furent désarmés, à genoux, et entourés d'officiers en uniforme. La radio crépitait : l'arrestation était annoncée.

Craig bondit à bord de la vedette en criant :

– Tout le monde va bien ?

– Oui, murmura Brittany, soulagée.

– Ça va, ma puce, tu tiens le coup ? demanda Craig à sa fille en la serrant contre lui.

– Je… je suis si contente que vous les

ayez arrêtés ! Et encore plus… plus contente que vous n'ayez pas été blessés ou…

Le 2 juin au matin,
à bord de l'Étoile bleue.

Il est presque onze heures, et on vient juste de se lever. Il faut dire que la nuit a été mouvementée ! Je me souviens à peine du retour de l'île, sauf que papa et maman me tenaient les mains. C'était bizarre de retrouver l'auberge, si tranquille. Je n'ai même pas dîné. Brittany non plus. On s'est écroulées sur nos lits et on a dormi, dormi…

Une fête est prévue pour midi à bord. Il y aura les Kaushik au grand complet, Phil, quelques membres de l'UNESCO. Mein Lin a préparé un repas de gala.

Maman m'a dit que les indigènes avaient défilé ce matin à l'auberge pour nous remercier d'avoir arrêté les contre-

bandiers. Sauf M. Vikram, que la police interroge. Selon papa, il n'ira pas en prison. Il doit rester à Mongla en attendant le procès. Phil lui a promis de s'occuper des tigres.

Je suis triste de ne pas avoir retrouvé Sandhi. Maman a beau me dire de ne pas me faire trop d'illusions, je prie pour la revoir...

Son journal ouvert devant elle, Jessica contempla le fleuve. Il était midi. Le ciel était d'un bleu d'azur ; l'eau balançait doucement le voilier. Il ne leur restait que deux jours à passer dans la région. La fête battait son plein sur le pont, mais Jessica n'avait pas le cœur à s'amuser. Brittany vint la rejoindre, un plateau à la main :

– Le Dr Taylor allait tout manger. Je t'ai sauvé ça...

– Merci, mais je n'ai pas trop faim !

– Je te le laisse quand même, au cas où.

Elle courut retrouver Phil sur le pont.

Jessica tourna de nouveau son regard vers le fleuve. Deux crocodiles se prélassaient au soleil sur la rive, la gueule grande ouverte. Des oiseaux s'activaient entre leurs mâchoires béantes, comme de minuscules dentistes consciencieux. Du fond de la jungle parvenaient les appels des singes. Il ne manquait qu'une silhouette grise pour que le monde soit parfait…

Comme par magie, une ombre émergea des vagues pour disparaître aussitôt. Jessica sauta sur ses pieds et scruta les flots. L'ombre réapparut. Une nageoire ! La jeune fille se pencha par-dessus le bastingage. Une tête ronde sans bec, puis une autre, plus petite, apparurent.

– Maman, papa, Shiv ! Venez vite ! cria Jessica, folle de joie. Sandhi est de retour !

L'irrawaddy surgit hors de l'eau. Blottie contre son flanc, une mignonne frimousse, plus pâle, ouvrait des yeux étonnés.

– Elle a eu un bébé ! souffla Gina. Elle a dû se cacher pendant tout ce temps pour mettre son petit au monde.

– Prends bien soin de toi et de ton bébé, Sandhi, murmura Jessica. Vous pouvez désormais vivre en paix !

La jeune fille éclatait de bonheur. Elle siffla et envoya des baisers à son amie. Elle eut l'impression que, pour une fois, Sandhi allait abandonner sa mine solennelle. Oui, l'ombre d'un sourire se dessina sur le visage de la femelle, aussi discret et mystérieux que celui de la Joconde…

FIN

SPÉCIAL DAUPHINS

S.O.S. ANIMAUX

501. Une belle amitié
502. Une histoire d'amour
503. Une chasse au trésor
504. Une naissance difficile
505. Prisonniers
506. Le fleuve enchanté
507. Un nouveau défi
508. Le prince des mers
509. Disparitions mystérieuses

ÉCRIS-NOUS !

Si tu as envie

de nous parler de ta passion
pour les dauphins,

si tu veux

nous poser des questions
sur l'auteur et ses romans,
ou tout simplement nous dire
quels sont tes animaux préférés,

n'hésite pas à nous écrire !

Attention !

N'oublie pas d'écrire ton nom et
ton adresse si tu veux qu'on te réponde !